НЕОПХОДНИ КУВАР ЗА ВОЋНЕ САЛАТЕ ЗА ВАШЕ ЛЕТО

100+ ЗДРАВИХ, СВЕЖИХ, ЛАКИХ И УКУСНИХ РЕЦЕПАТА

Симка Милотић

Одрицање од одговорности

Информације садржане у и имају за циљ да служе као свеобухватна збирка стратегија о којима је аутор ове књиге истраживао. Сажеци, стратегије, савети и трикови су само препорука аутора, а читање ове књиге не гарантује да ће нечији резултати тачно одражавати резултате аутора. Аутор Књиге је уложио све разумне напоре да пружи актуелне и тачне информације за читаоце Књиге. Аутор и његови сарадници неће бити одговорни за било какве ненамерне грешке или пропусте који могу бити пронађени. Материјал у Књизи може укључивати информације трећих лица. Материјали трећих страна се састоје од мишљења које су изразили њихови власници. Као такав, аутор књиге не преузима одговорност за било који материјал или мишљења трећих лица.

УВОД

Воћне салате су неке од најбољих здравих посластица. Испуњен свежим воћем и укусним преливом, сви воле ову освежавајућу посластицу. Воћна салата је једноставна и може се направити у било које доба године од свежег или конзервираног воћа за десерт или вечеру.

Ова књига ће вам показати како да направите овај здрави десерт баш како треба, са најбољим преливом за воћну салату и невероватним воћним комбинацијама.

Карактеристике одличне воћне салате

1. Воће: Очигледно, прва ствар о којој треба да размислите је воће. Можете користити и свеже и конзервисано воће, али ако преоптерећујете свеже воће, најбоље резултате дајете.
2. Прелив: Постоји много начина да направите прелив за воћну салату! Тајна екстра укусне салате лежи у преливу!
3. Биље и орашасти плодови: Без обзира да ли одлучите да користите свеже зачинско биље, корицу од цитруса или сецкане орашасте плодове, мало нечег додатног учиниће већину воћних салата од добрих до одличних.
4. Узмите си времена: Ваша салата ће патити ако не одвојите време да оцедите воће, уклоните петељке, коре, коштице и темељно очистите када је потребно.

ТРАДИЦИОНАЛНЕ ВОЋНЕ САЛАТЕ

1.Егзотична воћна салата

Принос: 4 порције

Састојак

- 2 зрела манга, папаје или
- 6 кивија,ољуштених и исечених
- 2 банане, --ољуштене и исечене
- 2 ТБ кондиторског шећера
- 2 ТБ сока од лимуна
- ½ тс екстракта ваниле
- ¼ тс млевеног кинеског праха од 5 зачина

- ½ малине
- ананас
- Кондиторски шећер
- Листови нане

Умутити шећер, лимунов сок, ванилију и кинески 5 зачина у праху; прилагодити по укусу, додајући више или мање састојака. Додајте манго и малине и промешајте.

Непосредно пре сервирања поређајте киви у круг на спољну ивицу сваког од 4 тањира за десерт, поређајте унутрашњи круг од кришки банане који се преклапају са кивијем, остављајући простор у средини тањира за десерт. Кашика мацерираних малина и манга у средини; поспите сластичарским шећером и украсите листићима нане.

2. Свечана воћна салата

Принос: 1 порција

Састојак

- 1 конзерва комадића ананаса
- $\frac{1}{2}$ шоље шећера
- 3 кашике вишенаменског брашна
- По 1 јаје, лагано умућено
- 2 конзерве мандарина
- 1 конзерва Крушке
- По 3 кивија
- 2 велике јабуке
- 1 шоља половина ореха

Оцедите ананас, оставите сок. Оставите ананас на страну. Сипајте сок у мали тигањ за сос; додати шећер и брашно. Довести до кључања. Брзо умешајте јаје; кувати док се не згусне. Уклоните са ватре; хладан.

Охладите. У великој чинији помешајте ананас, поморанџе, крушке, киви, јабуке и пекане. Прелијте преливом и добро изблендајте. Покријте и охладите 1 сат.

3. Азијска воћна салата са сосом од папаје и нане

Принос: 6 порција

Састојак

- ½ великог ананаса; ољуштен, са језгром
- 1 средња папаја; ољуштен, засејан
- ½ велике диње; ољуштен, засејан
- 11 унци Огуљени цели личи у тешком сирупу
- ½ шоље црвеног грожђа без семена; преполовљена
- ½ шоље зеленог грожђа без семена; преполовљена
- 1 велика папаја; ољуштен, засејан
- 5 кашика шећера
- 3 кашике свежег сока од лимете
- 1½ кашике свеже нане; грубо исецкан

Помешајте првих 6 састојака у великој посуди.

Кашиком ставите воће у 6 малих чинија или пехара

Прелијте воће сосом од папаје и нане. Поспите кокосом. Украсите ментом.

Сос од папаје и менте: Све састојке измиксајте у процесору док не постане глатка.

Пребаците у чинију. Покријте и ставите у фрижидер док не будете спремни за употребу.

4. Врућа воћна салата

Принос: 6 -8

Састојак

- 1 конзерва (15 оз) нарезане брескве
- 1 конзерва (15 оз) кајсија
- 2 кашике смеђег шећера
- 1 лимун и 1 поморанџа; Кора од
- 2 јабуке; ољуштен, очишћен од језгре и танко исечен
- 2 зреле банане; дијагонално исечен

Помешајте сок од брескве и кајсије са смеђим шећером и кором. Ставите сво воће у тепсију, додајте сок и пеците у рерни загрејаној на 180Ц (350Ф) 45 мин, непокривено. Послужите топло или хладно уз сладолед, крему или самостално.

5. Салата од манга и авокада са макадамијом

Чини 4 порције

- 1 чврсти зрели манго, огуљен, без коштица
- 2 зрела Хасс авокада, без коштица, ољуштена
- 2 кашике свежег сока од лимете
- 2 кашичице нектара агаве
- 1/4 шоље здробљених ораха макадамије
- 1 кашика свежег семена нара
- 1 кашика свежих листова менте или цилантра

У великој чинији помешајте манго и авокадо.

Додајте сок од лимете и нектар агаве и лагано промешајте да обложите воће. Поспите макадамијом, семенкама нара и листовима нане. Послужите одмах.

6. Блазинг Сунсет Салата

Чини 4 до 6 порција

- 2 кашике лимуновог сока
- 2 кашике нектара агаве
- 1 јабука Голден Делициоус, неољуштена, са језгром
- 1 банана, исечена на кришке од 1/4 инча
- бресква или нектарина, преполовљена, без коштица
- 1 шоља свежих трешања без коштица

У великој посуди помешајте лимунов сок и нектар агаве, мешајући да се помеша. Додајте јабуку, наранџу, банану, брескву и трешње. Лагано промешајте да се сједини и послужите.

7. Воћна салата зими

Чини 4 порције

- 2 кашике ораховог уља
- 2 кашике свежег лимуновог сока
- 1 кашика нектара агаве
- 1 Фуји, Гала или Ред Делициоус јабука, без језгре
- 1 велика поморанџа, ољуштена и исечена
- 1 шоља црвеног грожђа без семенки, преполовљено
- 1 мало звездасто воће, исечено

У малој посуди помешајте уље ораха, лимунов сок и нектар агаве. Добро промешајте и оставите на страну.

У великој посуди помешајте јабуку, крушку, наранџу, грожђе, звездасто воће и орахе. Прелијте преливом, прелијте да се премаже и послужите.

8. Летње бобице са свежом наном

Чини 4 до 6 порција

- 2 кашике свежег сока од поморанџе или ананаса
- 1 кашика свежег сока од лимете
- 1 кашика нектара агаве
- 2 кашичице млевене свеже менте
- 2 шоље свежих трешања без коштица
- 1 шоља свежих боровница
- 1 шоља свежих јагода, ољуштених и преполовљених
- $^{1}/2$ шоље свежих купина или малина

У малој посуди помешајте сок од поморанџе, сок од лимете, нектар агаве и менту. Оставите на страну. У великој чинији помешајте трешње, боровнице, јагоде и купине. Додајте прелив и лагано промешајте да се сједини. Послужите одмах.

9. Кари воћна салата

Чини 4 до 6 порција

- $\frac{3}{4}$ шоље веганског јогурта од ваниле
- 1/4 шоље ситно сецканог чатнија од манга
- 1 кашика свежег сока од лимете
- 1 кашичица благог кари праха
- 1 Фуји или Гала јабука, очишћена од језгре и исечена на 1/2 инча
- 2 зреле бресквe, преполовљене и исечене на 1/2-инча
- 4 зреле црне шљиве, преполовљене и исечене
- 1 шоља црвеног грожђа без семенки, преполовљено
- 1/4 шоље незаслађеног тостованог исецканог кокоса
- 1/4 шоље тостираних исецканих бадема

У малој чинији помешајте јогурт, чатни, сок од лимете и кари у праху и мешајте док се добро не сједине. Оставите на страну.

У великој посуди помешајте јабуку, брескве, шљиве, манго, грожђе, кокос и бадеме. Додајте прелив, лагано прелијте да се премаже и послужите.

10. Плоча са воћем на жару

Чини 4 до 6 порција

- $^{1}/2$ шоље сока од белог грожђа
- $^{1}/4$ шоље шећера
- 1 ананас, огуљен, очишћен од језгре и исечен на 1/2 инча
- 2 зреле црне или љубичасте шљиве, преполовљене и без коштица
- 2 зреле бресквe, преполовљене и без коштица
- 2 зреле банане, преполовљене по дужини

Загрејте роштиљ. У малој шерпи загрејте сок од грожђа и шећер на средњој ватри, мешајући, док се шећер не раствори. Уклоните са ватре и оставите да се охлади.

Пребаците воће на врели роштиљ и пеците 2 до 4 минута, у зависности од воћа. Печено воће распоредите на тањир за сервирање и прелијте га сирупом. Послужите на собној температури.

11. Воћна салата са топлотом

Чини 4 порције

- 1/3 шоље сока од ананаса
- 2 кашике свежег сока од лимете
- 1 кашика нектара агаве
- Гроунд цаиенне
- 1 наранџа за пупак, oљуштена и исечена на коцкице од 1 инча
- 1 зрела крушка, очишћена од језгре и исечена на коцкице од 1 инча
- 1 зрела банана, исечена на кришке од 1/4 инча
- 11/2 шоље комадића свежег или конзервираног ананаса
- 2 кашике заслађених сувих брусница
- 2 кашике oљуштених семенки бундеве (пепита)
- 1 кашика сецкане свеже нане

У великој посуди помешајте сок од ананаса, сок од лимете, нектар агаве и кајенски кајенски по укусу, мешајући да се добро сједине.

Додајте наранџу, крушку, банану и ананас. Лагано промешајте да се сједини, поспите брусницама, семенкама бундеве и наном и послужите.

12. Јагода, манго и ананас

Чини 4 порције

- 2 шоље свежег или конзервираног ананаса исеченог на коцкице
- 1 манго, огуљен, без коштица и исечен на 1/2 инча
- 2 шоље танко исечених свежих ољуштених јагода
- 1 зрела банана
- 1/4 шоље свежег сока од поморанџе
- 2 кашике свежег сока од лимете
- 1 кашика шећера

У великој посуди помешајте ананас, манго и јагоде. Оставите на страну.

У блендеру или процесору за храну измиксајте банану са резервисаним соком од ананаса, соком од поморанџе, соком од лимете и шећером. Прелијте воће дресингом, лагано промешајте да се сједини и послужите.

13. Салата од лубенице од трешње и бобица

Чини 4 до 6 порција

- $^{1}/3$ шоље свежег сока од поморанџе
- 1 кашика свежег сока од лимете
- 1 кашичица чистог екстракта ваниле
- 1 кашичица шећера
- 4 шоље коцкица или куглица лубенице без семена
- 2 шоље свежих трешања без коштица
- 1 шоља свежих боровница

У великој посуди помешајте сок од поморанџе, сок од лимете, ванилију и шећер. Додајте лубеницу, вишње и боровнице. Лагано промешајте да се сједини и послужите.

14. Воћна салата 24 сата

Принос: 16 порција

Састојак

- 2 медијума Конзерве сластица од ананаса
- 6 унци конзерве или сока од поморанџе, смрзнуто
- 1 паковање инстант пудинга од лимуна
- 3 банане, нарезане
- 1 конзерва Крушке
- 2½ фунте конзерве кајсија
- 2½ фунте конзерве бресква
- 1 конзерва мандарина, оцеђена

Оцедите ананас и растворите сок од поморанџе у соку од ананаса. У сок помешати инстант пудинг, нарезане банане, крушке, кајсије и бресква (у залогају). Додајте оцеђене поморанџе и ананас. Промешати и оставити да одстоји 24 сата у фрижидеру.

15. Јесења воћна салата

Принос: 8 порција

Састојак

- 2 укусне црвене јабуке
- 1 нарезана банана
- 1 јабука Гранни Смитх
- 2 Бартлетт крушке
- ½ лб црвеног грожђа
- ½ ц листићи бадема -- тостирани 1 ц јогурта од ваниле
- 1 тсп. цимет
- ¼ тсп. млевени ђумбир
- ½ тсп. мушкатни орашчић
- 1 ТБ јабуковача

Јабуке и крушке опрати и очистити од коре по жељи. Исеците на комаде од једног инча. Банане нарежите ½" дебљине. Грожђе оперите и исеците на пола. У чинији за салату сједините воће и бадеме. Помешајте јогурт са зачинима и јабуковачем.

Прелијте преко воћне салате и промешајте да се воће равномерно прекрије. Охлади се.

16. Воћна салата од диње

Принос: 6 порција

Састојак

- по 2 мед. Цанталоупес
- По 1 велики ананас
- 1 шоља грожђица
- 1 шоља свежег исецканог кокоса
- 1 шоља ситно сецканих ораха
- 1 велика јабука
- 1 шоља немасног јогурта

Диње исеците на мале комаде и помешајте са свим осталим воћем и орасима у великој чинији за салату. Убаците јогурт у појединачне чиније за сервирање и додајте воћну салату. Промешајте да се премаже и поједите.

17. Кари воћна салата

Принос: 6 порција

Састојак

САЛАТА

- 1 мала медена диња
- 1 свеж ананас
- ½ наранџасте паприке

ДРЕССИНГ

- ⅓ шоље свежег сока од поморанџе
- 1 кашичица меда
- 1 кашичица зрнастог сенфа
- ½ кашичице Припремљеног рена
- ¼ кашичице карија у праху
- Сол и свеже млевени бибер

Исеците дињу на пола и уклоните семенке. Исеците на осмине и уклоните кору. Исеците дињу на мале комаде величине залогаја. Користећи нож од нерђајућег челика, уклоните горњи и доњи део ананаса, а затим га усправно и одрежите спољашњу кору. Ананас исеците на четвртине од врха до дна и уклоните језгро.

Ананас исеците на мале комаде величине залогаја.

У чинији за сервирање помешајте воће и наранџасту паприку. Држите поклопљено и охлађено док не будете спремни за послуживање.

У малој чинији умутите сок од поморанџе, мед, сенф, рен, кари у праху и со и бибер по укусу. Када је спремно за сервирање, прелијте воће дресингом и добро промешајте.

18. Персијска воћна салата

Принос: 6 порција

Састојак

- 2 поморанџе без семена;ољуштени и очишћени од језгре
- 2 јабуке;ољуштен; са језгром
- 2 банане; нарезане
- 2 шоље урми без коштица; сецкани;
- 1 шоља сувих смокава; сецкани; или кајсија
- 1 шоља сока од поморанџе
- 1 шоља бадема; исецкани

Ставите воће у чинију за сервирање. Прелијте воће соком од поморанџе и лагано промешајте. Украсите бадемима или кокосом. Покријте и охладите неколико сати пре сервирања.

19. Пет шољица воћне салате

Принос: 8 порција

Састојак

- 11 унци конзерве оцеђених мандарина □□$13\frac{1}{2}$ унце Комадићи конзерве ананаса, оцеђени
- $\frac{1}{2}$ шоље сока од ананаса
- $1\frac{1}{2}$ шоље минијатурног слеза
- 2 шоље павлаке
- $3\frac{1}{2}$ унце кокоса у листићима
- 1 шоља грожђа/трешње за украс

Помешајте све састојке осим украса и охладите неколико сати или преко ноћи. Послужите на чашама зелене салате украшене грожђем или трешњама.

20.Салата од свежих воћних шкољки

Принос: 10 порција

Састојак

- $\frac{1}{2}$ фунте Цреаметте средње шкољке; некувано
- 1 картон (8 оз) обичног јогурта са ниским садржајем масти
- $\frac{1}{4}$ шоље смрзнутог концентрованог сока од поморанџе
- 1 конзерва комадића ананаса за сок; оцеђен
- 1 велика поморанџа; ољуштен, исечен и засејан
- 1 шоља црвеног грожђа без семенки; исећи на половине
- 1 шоља зеленог грожђа без семенки
- 1 јабука; очишћена од језгра и исецкана, исечена на половине
- 1 банана; нарезане

Припремите шкољке креме према упутствима на паковању; одвод. У малој чинији помешајте јогурт и концентрат сока од поморанџе. У великој посуди помешајте преостале састојке. Додајте мешавину јогурта; бацити на капут.
Цовер; добро охладити.

Пре сервирања нежно премешајте. Охладите остатке.

21. Харлекин воћна салата

Принос: 4 порције

Састојак

- 1 зрела диња средње величине
- 125 грама јагода; (4 оз)
- 125 грама зеленог или црног грожђа без семена;
- 1 лименка комада ананаса у природном соку
- 1 банана
- 2 поморанџе
- 1 јабука са црвеном кожом

Ставите дињу у велику чинију за сервирање. Све велике јагоде исеците на половине или четвртине. Додајте у коцкице диње.

Оперите и исеците грожђе на пола по дужини. Ставите у чинију за сервирање. Пажљиво отворите комаде ананаса и ставите их у чинију за сервирање са соком.

Огулите банану и нарежите на кришке дебљине 1 цм ($\frac{1}{2}$ инча). Умешајте ове кришке у мешавину воћа.

Јабуку оперите и исеците на четвртине, уклоните језгро и исеците на дебеле кришке или комаде, умешајте у мешавину воћа.

Покријте и охладите воћну салату у фрижидеру 30-60 минута.

22. Ураганска воћна салата

Принос: 6 порција

Састојак

- 1 шоља исечених банана
- 1 шоља делови наранџе, свеже ољуштени
- ½ шоље нарезане јагоде
- 1 шоља комадића свежег ананаса
- ½ шоље исеченог воћа кивија, ољуштеног
- 1 шоља обичног јогурта
- 1 шоља лоптица диње
- ⅓ шоље урме сецкане
- 2 кашике исецканог кокоса
- 6 листова зелене салате

Помешајте све састојке осим кокоса и зелене салате. Покријте и охладите 1-2 сата. Ставите листове зелене салате на тањир, кашичицу мешавину на листове зелене салате и украсите кокосом.

23. Либанска салата од свежег воћа

Принос: 1 порција

Састојак

- 1 зрела диња
- ½ свежег ананаса
- 1 до 2 поморанџе
- Јабука, крушка или јагоде
- 2 зреле банане

Припрема: Дињу скинути са коре и коцкица. Нарежите ананас на комаде. Огулите и исецкајте поморанџе, уклањајући сву белу мембрану, исеците на комаде кухињским маказама. Баците воће заједно.

Ако је воће лепо и зрело, природни сокови ће пружити обиље слаткоће, тако да неће бити потребан шећер. Јабуку или крушку нарежите на коцкице и ако користите бобичасто воће, оперите их и ољуштите. Додајте у мешавину воћа. Непосредно пре сервирања огулите, нарежите и додајте банану. Добро промешати.

24. Воћна салата од босиљка

Принос: 6 порција

Састојак

- 1 шоља Грожђе, црвено, без семенки
- 1 шоља Грожђе, зелено, без семена
- 1 шоља диње, медљике или манга; коцкасти
- 1 шоља комадића ананаса, свеже
- 1 наранџаста; ољуштен, исечен и исечен на четвртине
- 1 нектарина; коцкасти
- $\frac{1}{2}$ шоље јагода; преполовљена
- $\frac{1}{2}$ шоље Јицама; ољуштене, исечене на комаде шибица
- $\frac{1}{4}$ шоље сока од поморанџе
- 1 кашикаБосиљак, свеж; исецкани ИЛИ
- 1 кашичица босиљка, осушена; згњечен
- Извори босиљка, опционо

У посуди средње величине помешајте све састојке осим грančица босиљка; лагано мешати. За послуживање украсите грančицом босиљка.

25. Воћна салата од ђумбира

Принос: 8 порција

Састојак

- 2 свеже бресквe
- 1 цела диња
- 3 мд шљиве
- $\frac{1}{2}$ целе диње од медне росе
- $\frac{1}{2}$ лб зеленог и црвеног грожђа
- $\frac{1}{2}$ шоље свежег сока од лимете
- 1 кашичица коре лимете
- $\frac{1}{4}$ шоље меда
- $\frac{1}{2}$ шоље кандираног корена ђумбира

Све воће припремите тако што ћете опрати, огулити по жељи, одстранити коштице и исећи на комаде величине залогаја. По жељи, диње се могу вадити лопатицом за диње.

Комбинујте све воће у великој керамичкој посуди.

Помешајте сок од лимете, кору, мед и ђумбир заједно. Прелијте воће, баците и маринирајте најмање шест сати. Послужите охлађено или на собној температури.

26.Воћна салата са зачинским биљем са шербетом од нане

Принос: 4 порције

Састојак

- 2 поморанџе; ољуштен и исечен
- 1 грејпфрут; ољуштен и подељен
- 1 велика крушка; ољуштен, са језгром
- 250 грама грожђа без коштица
- 300 милилитара свежег сока од поморанџе
- 1 кашика сецканог тимијана
- 1 кашика сецканог матичњака
- 1 кашичица сецкане менте
- Листови свеже нане
- 4 кашике шербета од нане

Све воће помешајте и прелијте соком.

Умешајте сецкано биље и охладите неколико сати пре сервирања.

Послужите сваку порцију са куглицом шербета од нане у средини и мало креме ако желите, а десерт украсите са неколико листића менте.

27. Прелив од папаје преко воћне салате

Принос: 1 порција

Састојак

- 1 папаја; ољуштен, засејан и исечен на коцкице
- ¾ шоље конзервираног нектара папаје
- 2 кашике пиринчаног винског сирћета
- 2 кашичице свежег ђумбира; Млевено
- 1 кашика шећера
- ⅓ шоље маслиновог уља
- Разно свеже воће; нарезане
- 1 веза нане; ситно исецкани

У блендеру помешајте папају, нектар, сирће, ђумбир и шећер и блендајте док не постане глатко. Док мотор ради, сипајте маслиново уље у лаганом, равномерном млазу док се не сједини. Сипајте у чинију, умешајте менту и ставите у фрижидер покривено док не будете спремни за употребу.

Прелијте преко свежег воћа и украсите листићима нане.

28. Воћна салата са преливом од поморанџе

ПРИНОСИ: 8 - 10 СЕРВИРАЊА

Састојци за прелив

- 1/4 ц. душо
- 1/4 ц. свеже цеђени сок од поморанџе
- Корица од 1 лимуна

За салату

- 1 лб јагоде, ољуштене и нарезане на четвртине
- 6 оз. боровнице
- 6 оз. малине
- 3 кивија, ољуштена и исечена
- 1 наранџа, ољуштена и преполовљена кришке
- 2 јабуке, ољуштене и исецкане
- 1 манго, ољуштен и исецкан
- 2 ц. грожђе

Упутства

У малој посуди умутите мед, сок од поморанџе и лимунову корицу. Додајте воће у велику чинију и прелијте преливом, лагано мешајући да се сједини.

Охладите док не будете спремни за послуживање

29. Воћна салата са јалапено преливом

Принос: 6 порција

Састојак

- ½ мале диње Хонеидев
- 1 Зрела велика папаја, ољуштена
- 1 пинта јагода са петељком и ољуштених
- 1 конзерва оцеђених комада ананаса

Јалапено Цитрус Дрессинг

- ⅓ шоље сока од поморанџе
- 3 кашике сока од лимете
- 3 кашике млевене свеже нане, босиљак
- 2 Јалапено паприке са семенкама, млевене
- 1 кашика меда

Сцооп семенке од диње. Воће скините са коре балером за дињу или исеците на коцкице. Уклоните кору и исеците на коцкице. Ставите у велику посуду.

Додајте воће и прелив. Нежно баците да се комбинују. Послужите одмах или поклопите и ставите у фрижидер до 3 сата. Украсите ментом.

ПРЕлив Помешајте у малој посуди и добро промешајте

30. Воћна салата са винаигретом од вишње

Принос: 1 порција

Састојак

- 3 кашике сушеног вишњевог сирћета
- 4 кашике биљног уља
- $\frac{1}{4}$ кашичице соли
- $\frac{1}{4}$ кашичице млевеног црног бибера
- 1 шоља сушених трешања
- 1 мала јабука Гранни смитх танка
- 1 мала поморанџа ољуштена и исечена
- $\frac{1}{4}$ шоље целих сланих индијских орашчића
- $1\frac{1}{2}$ шоље белгијске ендивије
- $1\frac{1}{2}$ шоље спанаћа
- $1\frac{1}{2}$ шољеБостонска салата

За прелив умутити сирће, уље, со и бибер. Распоредите зеље на тањир за сервирање; додајте трешње, воће и индијски орах. Послужите са преливом од винаигрета.

За винегрет: помешајте 1 шољу сувих трешања са 2 шоље белог винског сирћета у стакленој посуди. Покријте и оставите да одстоји 2 дана на собној температури.

Загрејте само до тачке кључања, процедите кроз газу. Охладите и чувајте у добро затвореној посуди.

31. Воћна салата са преливом од мака

Принос: 6 порција

Састојак

- 1 конзерва (11-оз) сегменти мандарине; оцеђен
- 1 конзерва (8-оз) посластица ананаса; оцеђен
- 1½ шоље нарезане јагоде
- ¼ шоље прелива од мака
- Листови зелене салате

У средњој посуди помешајте све састојке осим листова зелене салате; бацити на капут.

Послужите салату на појединачним плочама за салату обложене зеленом салатом.

32. Воћна салата са кари-мед сосом

Принос: 4 порције

Састојак

- 1 зрели манго; ољуштен и исечен на коцкице
- 4 шоље сецканог свежег ананаса
- ¼ шоље свежег лимуновог сока
- 1 шоља немасног обичног јогурта или јогурта од ваниле
- 2 кашике меда
- ¼ кашичице карија у праху; (опционо)
- ½ шоље свежих малина
- ⅓ шоље Тостирани кокос у листићима за украс

Мало ствари је тако једноставно и освежавајуће као ова воћна салата од манга, ананаса и малина. Прелијте га инвентивним сосом од меда и јогурта са укусом карија у праху и учинићете добру ствар још бољом.

У средњој посуди помешајте манго и ананас. Прелијте лимуновим соком. У малој посуди помешајте јогурт, мед и кари у праху ако користите. Да бисте послужили, поделите воће на 4 тањира за сервирање. Поспите малинама и кокосом и послужите сос од јогурта са стране.

ВОЋНА САЛАТА СА ПОВРЋЕМ

33. Поље и воћна салата

Принос: 1 порција

Састојак

- 2 црвене укусне јабуке
- 2 јабуке Гранни Смитх
- 1 шоља комада ораха
- 4 оз. Тексашки козји сир
- Винегрет од малине купљен у продавници
- Фиелд Греенс

Баците зеље са комадићима ораха. Јабуке и козји сир нарежите на танке коцкице, а затим их атрактивно распоредите на врх салате.

Послужите са преливом од малина за слатку воћну салату.

Јабуке попрскајте лимуновим соком да не порумене.

34. Салата од шаргарепе, сувог грожђа и воћа

Принос: 1 порција

Састојак

- 1 фунта Цлеан; целе шаргарепе
- 1 мала до средња јабука; четвртасто
- ¼ свежег ананаса; исећи на комаде
- 1 кутија сувог грожђа величине ужине

Соковником обрадите целе шаргарепе, јабуку и ананас

Остругајте пулпу у посуду за мешање и добро промешајте да се комбинују три различита састојка. Додајте суво грожђе, а затим додајте сок направљен од састојака колико је потребно да се салата навлажи.

Добро охладите и послужите хладно.

35. Салата од наранџе и смокава

Чини 4 порције

- 3 поморанџе, ољуштене и исецкане
- 1/2 шоље крупно исецканих свежих или сувих смокава
- 1/2 шоље сецканих ораха
- 3 кашике заслађеног кокоса у листићима
- 1 кашика свежег лимуновог сока
- 1 кашичица шећера
- 2 кашике заслађених сувих трешања

У чинији помешајте поморанџе, смокве и орахе. Додајте кокос, лимунов сок и шећер. Нежно мешајте да се сједини. Поспите вишњама и послужите.

36. Замрзнута воћна салата

Принос: 6 порција

Састојак

- 1 коверта желатина без укуса
- ½ шоље кључале воде
- 16 унци Лименка воћног коктела у сирупу
- ½ шоље мајонеза или чудесног бича
- 2½ шоље заслађеног шлага

Преклопите у ¾ шоље марсхмаллов-а у исто време када и шлаг, ако желите

Растворите желатин у кипућој води. Мало охладите, а затим умешајте воћни коктел и мајонез.
Оставите у фрижидеру 10 минута. Умешајте шлаг.

Сипати у мањи плех или посуду за печење и замрзнути. Исеците на коцкице или квадрате и послужите на зеленој салати.

37. Салата од воћа и купуса

Принос: 6 порција

Састојак

- 2 поморанџе; паред и секционише
- 2 јабуке; исецкани
- 2 шоље зеленог купуса; уситњено
- 1 шоља зеленог грожђа без семена
- ½ шоље креме за шлаг
- 1 кашика шећера
- 1 кашика лимуновог сока
- ¼ кашичице соли
- ¼ шоље прелива за мајонез / салату

Ставите поморанџе, јабуке, купус и грожђе у посуду.

У охлађеној посуди умутите шлаг док не постане чврст. У мајонез премешајте шлаг, шећер, лимунов сок и со.

Умешајте у мешавину воћа.

38. Салата од воћа и поврћа од јогурта

Принос: 4 порције

Састојак

- 2 медијума Једење јабука; са језгром и исецканим
- 2 медијума Шаргарепа; ољуштен, танко исечен
- 1 средња зелена паприка; засејана и исецкана
- 6 унци Свежи комадићи ананаса или
- Комади ананаса из конзерве
- 6 унци обичног јогурта
- 3 кашике сока од поморанџе
- 1 кашика лимуновог сока
- Пинцх сол
- Цимет; украсити

Помешајте јабуке, шаргарепу, паприку и ананас и добро промешајте.

Помешајте јогурт, сокове од наранџе и лимуна и со.

Прелијте салату овим преливом, охладите и послужите са циметом посутим по врху.

39. Воћна салата од ананаса и чилија

Принос: 1 порција

Састојак

- 1 зрео ананас
- 1 цео нар са одвојеним коштицама
- 2 лимеса; сок од
- 100 мililiтара хладне воде
- 50 грама шећера
- 1 Ситно сецкани црвени чили
- Неколико поцепаних листова свежег босиљка

У малој шерпи загрејте воду и шећер док се не растворе.

Склонити са ватре и оставити да се охлади.

У течност додајте сецкани чили и семенке нара. У међувремену огулите и исеците ананас на велике комаде и додајте у воћну салату са соком од лимете.

Ставите салату у чинију у фрижидер на пар сати да се охлади.

Пре сервирања додајте искидане листове босиљка како бисте дали дивну свежину воћној салати.

40. Салата од спанаћа од воћа и меда

Принос: 6 порција

Састојак

- 8 шољица Лабаво упакованих свежих листова спанаћа
- 2 шоље лоптице диње
- 1½ шоље преполовљених свежих јагода
- 2 кашике џема од малине без семена
- 2 кашике белог винског сирћета од малине
- 1 кашика меда
- 2 кашичице маслиновог уља
- ¼ шоље сецканих ораха макадамије

Комбинујте спанаћ, лоптице од диње и половине јагода у великој посуди; баците нежно.

Комбинујте џем и следећа 3 састојка у малој чинији; мешајте жичаном метлицом док се не сједини. Прелијте мешавином спанаћа и добро промешајте.

Поспите орасима.

41. Зелена салата и воћна салата

Принос: 14 порција

Састојак

- 3 лименке мандарина; оцеђен
- 3 грејпфрут, розе; ољуштен, засејан
- 6 главица зелене салате; поцепано на комаде величине залогаја
- $\frac{1}{4}$ шоље лука; исецкани
- $\frac{3}{4}$ шоље сирћета, естрагон
- 2 кашике биљног уља
- 2$\frac{1}{2}$ кашике мака
- 1 кашика шећера
- 1 кашичица соли
- 1 кашичица сувог сенфа
- $\frac{3}{4}$ шоље Уље, биљно

Комбинујте мандарине, делове грејпфрута и зелену салату у великој чинији за салату; лагано бацити. Послужите са преливом од мака.

Прелив од мака: Комбинујте првих 7 састојака у посуди електричног блендера; добро изблендати. Полако додајте $\frac{3}{4}$ шоље биљног уља, настављајући да мешате док не постане густо. Сипајте у теглу са чврстим поклопцем и охладите. Добро протресите пре сервирања.

ВОЋНА САЛАТА СА ГЛАВНИМ ЈЕЛОМА

42. Пилетина и воћна салата

Принос: 4 порције

Састојак

- $1\frac{1}{4}$ фунте пилећих прса без костију, огуљених и исечених на траке од 1/2"
- 2 кашике путера
- 1 кашичица соли
- $\frac{1}{2}$ кашичице бибера
- $2\frac{1}{4}$ шоље јагоде, преполовљене
- $\frac{3}{4}$ шоље клица пасуља
- 2 кашичице сецканог кристализованог ђумбира
- 1 кашичица млевеног ђумбира
- 1 кашика босиљка сирћета
- 1 кашика соја соса
- $\frac{1}{8}$ кашичице соли
- $\frac{1}{8}$ кашичице кајенског бибера
- 2 кашике маслиновог уља

Пирјајте пилеће траке на путеру 8 минута, често мешајући. Зачините сољу и бибером; извадите из тигања и оцедите на папирним убрусима. Остави да се охлади.

У чинији за салату помешајте јагоде, клице пасуља, охлађену пилетину и сецкани ђумбир. У посебној посуди помешајте млевени ђумбир, сирће, соја сос, со и кајенски бибер. Додајте уље, прелијте салату нежно преливом.

Покријте салату и оставите да одстоји 10 минута на собној температури пре сервирања.

43.Салата од пилетине, авокада и папаје

Принос: 1 порција

Састојак

- 6 Половина поштираних пилећих прса без костију
- 2 ољуштене и танко исечене зреле папаје
- 2 ољуштена и танко исечена зрела авокада
- 4 кашике свежег сока од лимете
- Пулпа 1 зреле маракује
- ½ шоље биљног уља
- Ситно нарендана кора 1 лимете
- Со бибер
- 2 3 кашике. душо
- ½ шоље грубо сецканих ораха пекана

Обложите 6 тањира за салату са зеленом салатом. Одрежите преосталу масноћу на пилетини.

Пилетину исеците на комаде величине залогаја.

Алтернативно пилетина, авокадо и папаја на тањирима

Умутити сок од лимете, пулпу, уље, кору, со и бибер и мед.

Кашиком прелијте сваку салату

Поспите пецанима.

44. Кари салата од говедине и воћа

Принос: 4 порције

Састојак

- 12 унци Дели печена говедина; нарезане дебљине 1/4 инча
- 1 велика јабука; исећи на комаде од 1/2 инча
- 2 мале бресквe; на комаде од 1/2 инча
- $\frac{3}{4}$ шоље сецканог целера
- 1 зелени лук; нарезане
- 1 шоља немасног обичног јогурта
- $1\frac{1}{2}$ кашике сецканог чатнија
- 1 кашичица кари праха
- Бостон или зелена салата
- 2 кашике исецканих бадема

Сложите комаде говедине; исеците по дужини на пола, а затим попречно на траке ширине $1\frac{1}{2}$ инча. У великој посуди помешајте говедину, јабуку, нектарине, целер и зелени лук.

У малој посуди помешајте јогурт, чатни и кари у праху док се добро не сједине.

Додајте у мешавину говедине и ставите да се премаже.

Покријте и ставите у фрижидер најмање један сат.

За сервирање распоредите зелену салату на тањир за сервирање; прелијте мешавином говедине.

Поспите бадемима

45. Салата од ћуретине са каријем, воћа и орашастих плодова

Принос: 4 порције

Састојак

- ½ шоље Цхутнеиа
- 1 кашичица кари праха
- ½ кашичице млевеног ђумбира
- ⅓ шоље обичног јогурта
- 2½ шоље ћурке; кувано, исецкано
- 1 велика папаја; преполовљен, засејан, огуљен и исечен
- 3 Киви;ољуштити, пресећи по дужини на пола
- ¼ шоље бланшираних исецканих бадема; препечен
- Свежи листови спанаћа; стабљика прање, добро оцеђена
- 4 љуске за салату од тортиље

У малој шерпи умутите чатни, кари у праху и ђумбир. Доведите до кључања на средњем нивоу топлота. Кувајте, повремено мешајући, 2-3 минута

Мало охладите. Умешајте јогурт. Ставите прелив у велику посуду; додати ћуретину.

Оставите у фрижидеру неколико сати. Испеците љуске за салату од тортиље према упутствима на паковању. Додајте папају, киви и бадеме у мешавину ћуретине. Охлађене чиније за тортиље обложите листовима спанаћа. Сваку шкољку напуните мешавином ћуретине. Послужите одмах.

46. Салата од воћа и шкампа

Принос: 4 порције

Састојак

- 2 шоље Разно воће нарезано
- 2 кашике уља
- 1 Шалота, танко нарезана
- 3 чена белог лука, танко нарезана
- Сок од једне лимете
- 1 кашичица кошер соли
- 1 кашичица шећера, или по укусу
- $\frac{1}{4}$ шоље куваних шкампи
- 2 кашике сецканог прженог кикирикија
- 1 свеж црвени чили, са семенкама и ситно исецканим

Исеците воће на комаде величине залогаја. Ако користите помело, огулите поједине делове и раздвојите их на зрна величине семена грожђа. Ако грожђе садржи семенке, раздвојите га и загрејте га Баците кришке јабуке или крушке у мало сока од цитруса да не би оксидирале.

У малом тигању или шерпи загрејте уље на лаганој ватри и лагано пржите љутику и бели лук док не порумене. Извадите и оцедите на папирним убрусима.

У средњој посуди помешајте сок од лимете, со и шећер (ако се користи) и мешајте да се раствори. Додајте воће, шкампе и половину белог лука и шалотке и сипајте да се равномерно прекрије преливом. Пробајте и прилагодите зачине ако је потребно. Пребаците у посуду за сервирање и украсите преосталим белим луком и љутиком, кикирикијем и чилијем.

47. Воћна салата од димљене ћуретине

Принос: 6 порција

Састојак

- 6 унци Мостацциоли; некувано
- 2½ шоље димљене ћуреће дојке; исећи на траке
- 1½ шоље диње; коцкасти
- ⅓ шоље зеленог лука; нарезане
- 1½ шоље јагода; нарезане
- ½ шоље исецканих бадема; препечен
- ⅓ шоље лимуновог сока
- ¼ шоље уља
- ¼ шоље меда
- ½ кашичице рендане лимунове коре

Да тостирате бадеме, намажите орахе на плех за колаче; пеците на 350° 5-10 минута или док не порумени, повремено мешајући.

Скувајте Мостацциоли до жељене готовости према упутствима на паковању. Драин; исперите хладном водом. У великој посуди помешајте све састојке за салату осим јагода и орашастих плодова; бацање. У тегли са чврстим поклопцем помешајте све састојке за дресинг; добро протрести. Прелити преко салате; бацити на капут. Цовер; ставите у фрижидер 1-2 сата да се укуси споје, повремено мешајући. Непосредно пре сервирања, лагано умешајте јагоде и бадеме.

48. Салата од воћа и козица у слојевима

Принос: 4 порције

Састојак

- 1 зрела диња Галиа; на четвртине и семена
- 1 велики зрели манго; ољуштен и исечен
- 200 грама екстра великих козица; одмрзнути
- 4 кашике природног грчког јогурта
- 1 кашика парадајз или парадајз пире
- 2 кашике млека
- Сол и свеже млевени црни бибер
- 2 кашике свеже сецканог коријандера

Уклоните месо са четвртине диње у једном комаду и исеците ширине на 4-5 кришки. Положите дињу са исеченим мангом у полукруг на четири тањира.

Подијелите козице на сваки полукруг воћа.

Помешајте састојке за прелив и прелијте једну страну воћа да бисте добили атрактиван узорак. Поспите коријандером и ставите у фрижидер док не буде потребно.

49. Димљена пилетина и егзотично воће

Принос: 1 порција

Угредиент

- 1 димљена пилетина
- 1 Кожа шапе уклоњена и исечена на коцкице
- 1 Манго; скинута кожа и нарезана на коцкице
- 2 шљива парадајза бланширана; ољуштен, засејан
- 3 младог лука; нарезане
- ¼ чили; семенке уклоњене и ситно исецкане
- 2 кашике чили сирћета
- Цреме фраицхе
- 2 кашике коријандера; исецкани
- 1 кашика чили уља
- 1 кашика балзамичког сирћета

Уклоните сву кожу и кости са пилетине и коцкице. Помешајте манго, шапу, парадајз, млади лук, чили, сирће и мало лимуновог сока.

Напуните прстен од 6 цм и висок 2 цм мешавином воћа.

Помешајте димљену пилетину са кремом.
Ставите још цм на ово.

Мешајте у прстену. Поспите коријандером и скините прстен. Помешајте чили уље, балзамико сирће и покапајте около.

50. Воћна салата од бруснице

Принос: 4 порције

Састојак

- 6 унци Паковање желатина од малине
- 2 шоље кључале воде
- 16 унци лименке желе соса од бруснице
- 8$\frac{3}{4}$ унце Лименка здробљеног ананаса
- $\frac{3}{4}$ шоље свежег сока од поморанџе
- 1 кашика свежег лимуновог сока
- $\frac{1}{2}$ шоље сецканих ораха

Растворите желатин у кипућој води. Разбијте и умешајте сос од бруснице, неоцеђен ананас, сок од поморанџе, лимунов сок и орахе.

Сипајте у плитку посуду за тепсију. Охладите док се не стегне.

Исеците на квадрате и послужите на листовима зелене салате са преливом за салату.

РЕАМИ ВОЋНЕ САЛАТЕ

51, Салата од црне трешње са слатким воћним преливом

Принос: 6 порција

Састојак

- 2 шоље црних трешања; конзерве, без коштица
- $3\frac{1}{2}$ шоље ананаса; конзервирано, исечено на мале комаде
- 1 паковање желатина у праху од наранџе
- $\frac{1}{2}$ кашичице желатина без укуса
- Неколико капи лимуновог сока
- $\frac{1}{2}$ шоље шећера
- 2 кашичице брашна
- 1 жуманце
- Сок од 1 лимуна
- $\frac{1}{2}$ шоље сока од ананаса или кајсије
- 1 цртица соли
- 1 шоља тешке креме; шибани

Потопите желатин без укуса у 2 кашике хладне воде. Додајте $\frac{1}{2}$ шоље кључале воде и мешајте док се не раствори. Оцедите бобице и ананас. Сипајте сок у мерну шољу и додајте воду да добијете $1\frac{3}{4}$ шоље. Загрејте сок и прелијте желатин од поморанџе. Мешати док се не раствори.

Комбинујте мешавине желатина. Охладите у плитком тигању.

ПРЕлив од СЛАТКОГ ВОЋА: Помешајте шећер, брашно и со. Додајте воћне сокове и жуманце. Кувајте у парном котлу док не постане густо. Охладите и пре сервирања додајте шлаг. Послужите на листу зелене салате.

52, Воћна салата од купуса са преливом од павлаке

Принос: 4 порције

Састојак

- 2 шоље купуса; Сирово, исецкано
- 1 јабука средња, нарезана на коцкице, неољуштена
- 1 кашика лимуновог сока
- ½ шоље грожђица
- ¼ шоље сока од ананаса
- 1½ кашичице лимуновог сока
- ¼ кашичице соли
- 1 кашика шећера
- ½ шоље павлаке

Припремите купус и јабуку. Користите 1 Т лимуновог сока да навлажите јабуку исечену на коцкице да спречите потамњење. Баците купус, суво грожђе и јабуку. Помешајте воћне сокове, со и шећер. Додајте павлаку, мешајте док не постане глатко; додати у салату и охладити.

53, Воћна салата од трешње са преливом од јогурта

Принос: 1 порција

Састојак

- 2 шоље слатких трешања
- 1 мали ананас са копљем
- 1 Сегментирани грејпфрут
- 1 сегментирана наранџаста
- ½ мале диње од медљике
- ½ шоље тостираних кришки бадема
- Прелив од наранџе од јогурта

Распоредите воће на посуду за сервирање; посути бадемима. Послужите уз прелив.

54, Воћна салата са амарето крем сосом

Принос: 4 порције

Састојак

- $\frac{1}{4}$ пинте малина
- $\frac{1}{4}$ пинте боровница
- $\frac{1}{4}$ пинте Јагоде опране и преполовљене
- $\frac{1}{4}$ шоље Сегменти наранџе, исечени на коцкице
- $\frac{1}{4}$ шоље сегмената грејпфрута, исечених на коцкице
- $\frac{1}{4}$ шоље јабуке Гранни Смитх, нарезане на коцкице
- $\frac{1}{4}$ шоље зеленог грожђа
- $\frac{1}{4}$ шоље бресквe, исечене на коцкице
- $\frac{1}{4}$ шоље кајсије, нарезане на коцкице
- $\frac{1}{4}$ шоље лимуновог сока
- $\frac{1}{4}$ шоље плус 1 кашика шећера
- 1 кашичица сецкане менте
- $\frac{1}{4}$ шоље тешке креме
- 2 жуманца
- $\frac{1}{4}$ шоље ликера Амаретто

Помешајте све воће, лимунов сок, шољу шећера и менту. Покријте и охладите салату преко ноћи.
Следећег дана крему проври и оставите са стране да се мало охлади. Умутите жуманца и преостале 2 кашике шећера.
Када се крема охлади, умутити мешавину јаја и шећера. Процедите сос и умешајте ликер. Послужите у малом врчу да прелијете појединачну салату

55, Марсхмаллов Фруит цоцктаил

Принос: 1 порција

Састојак

- 8 унци Умућени МЛЕЧНИ прелив
- 3 лименке (15 оз) воћног коктела у тешком сирупу
- 2 шоље кокоса у листићима
- 3 шоље мини марсхмалловс-а
- 2 шоље грожђица
- 2 медијума Банане

Отворите лименке и оцедите сируп. Ставите коктел у ВЕЛИКУ чинију. Исеците банане на кришке величине залогаја. Додајте остале састојке; мешајући комбиновану смешу са сваким новим додавањем. Последњи додати умућен прелив; пазећи да је добро измешана у мешавини.

Охладите неколико сати.

56, воћна салата од поморанџе

Принос: 12 порција

Састојак

- 2 шоље кључале воде подељене
- 1 паковање (3 оз) желеа од лимуна
- 2 шоље коцке леда, подељене
- 1 паковање (3 Оз) желе од наранџе
- 1 конзерва (20 Оз) згњечити ананас
- 2 шоље Мин. марсхмалловс
- 3 велике банане нарезане
- ½ шоље финог сецканог сира чедар
- 1 шоља резервисаног сока од ананаса
- ½ шоље шећера
- Јаје, претучено
- 1 кашика Олео
- 1 шоља креме за шлаг
- 2 кашике кукурузног шкроба

Сипајте у тепсију 13"к9"к2". Оставите у фрижидеру док се не стегне. Поновите са желеом од поморанџе, са остатком леда и воде. Умешајте марсхмалловс. Прелијте слојем лимуна; ставите у фрижидер док се не стегне. За прелив помешајте сок од ананаса, шећерно јаје, кукурузни скроб и путер у тигању Кувајте на умереној ватри уз стално мешање док не постане густо. Поклопите и оставите у фрижидеру преко ноћи. Следећег дана поређајте банане са шлагом преко желеа. Комбинујте прелив са шлагом; распоредите преко банана, поспите сиром. Уживати! 5/4

57, Цалицо воћна салата

Принос: 6 порција

Састојак

- 1 литра Ице Берг комадића зелене салате
- 2 шоље тарт јабука; Исецкан
- 2 велике банане; Нарезано
- $\frac{1}{2}$ шоље грожђица
- $\frac{1}{4}$ шоље путера од кикирикија
- 3 кашике меда
- $\frac{1}{4}$ шоље млека
- $\frac{1}{2}$ шоље прелива за салату Мирацле Вхип

Помешајте зелену салату и воће, лагано промешајте да се промеша.

ЗА ПРЕлив: Помешајте путер од кикирикија и мед, па постепено додајте млеко.

Додајте прелив и добро промешајте док се добро не сједини.
Охладите до времена сервирања.

58, Кремаста воћна салата

Принос: 6 порција

Састојак

- 1 шоља јагода; четвртасто
- 1 шоља диње; цхункед
- 6 јагоде; цела
- 1 јабука; са језгром и исецканим
- 20 грожђа; зелена без семена
- ½ шоље ананаса; цхункед
- ½ шоље делова мандарине
- 1½ шоље прелива
- 2 кашике кокоса; исецкано и тостирано

У посуди од 2 литре помешајте воће осим целих бобица; прекријте пластичном фолијом и ставите у фрижидер док се добро не охлади, најмање 2 сата.

За послуживање: у сваку од 6 чаша за парфе или сундае кашичицу 2 Т умућеног прелива* одмрзнуте смрзнуте немлечне производе) и прелијте сваку порцију са ¼ ц. воћна мешавина.

Сваки део воћа прелијте са 1 Т умућеног прелива, затим истом количином преостале воћне мешавине.

На сваки део воћа сипајте 1 Т умућеног прелива, поспите са 1 т кокоса и украсите 1 бобицом. 1 порција = 116 калорија.

59. Дикие воћна салата

Принос: 1 порција

Састојак

- $1\frac{1}{2}$ шоље укусне јабуке; коцкице □□$1\frac{1}{2}$ шоље Нара
- $\frac{1}{2}$ шоље грожђица без семена; Барен
- $\frac{1}{4}$ шоље шећера
- $\frac{1}{4}$ шоље ораха; исецкани
- $\frac{1}{4}$ шоље бадема; исецкани
- $1\frac{1}{2}$ шоље крем прелива за салату;

Помешајте све састојке осим крем прелива за салату. Лагано помешајте са крем преливом за салату.

Оставите да се маринира пола сата у фрижидеру. Послужите на хрскавим листовима зелене салате и имаћете јело за најизбирљивије познаваоце. Неке варијације су се увукле у оригинални рецепт и сада налазимо да се додаје друго воће. Ананас, банане, крушке и вишње без коштица су уобичајени додаци.

Грожђе без семена често се замењују свежим или флашираним грожђем без семенки. Обичан шлаг, заслађен, може се послужити уз комбинацију воћа и орашастих плодова. „Дикси салата" се често показала као прави десерт за тај празнични мени.

60, Кремаста салата од тропског воћа

Принос: 4 порције

Састојак

- 1 конзерва (15,25 оз) салата од тропског воћа; оцеђен
- 1 банана; нарезане
- 1 шоља смрзнутог прелива; одмрзнути

У средњој посуди помешајте све састојке; лагано промешати да се премаже.

61, воћна салата у филипинском стилу

Принос: 3 порције

Састојак

- $1\frac{1}{2}$ шоље тешке креме
- 8 сваки пакет унце. крем сир
- По 3 лименке воћног коктела од 14 унци, оцеђене
- Комадићи ананаса у конзерви од 14 унце, оцеђени
- 14 унца личи, оцеђених
- 1 шоља кокоса
- Паковање од 8 унци сецканих бадема
- $1\frac{1}{2}$ шоље нарезане јабуке

Помешајте тешку павлаку и крем сир заједно до глатке конзистенције соса. Помијешајте са осталим састојцима и добро измијешајте, охладите преко ноћи.

Личи се може прескочити, користите коктел од тропског воћа уместо обичног воћног коктела, направите четири конзерве. И ја изоставим бадеме.

Филипинци користе нешто што се зове Нестлес крема, али то није лако пронаћи.

62, Воћна салата од лимуна

Принос: 1 порција

Састојак

- 1 паковање (3 оз) мешавине инстант пудинга од лимуна
- 1 конзерва (16 оз) воћног коктела, укључен сок
- 1 конзерва (14 оз) згњеченог ананаса, укључен сок
- 1 конзерва мандарина, добро оцеђена
- 1 контејнер (8 оз) хладан бич, одмрзнут
- 1 шоља минијатурног слеза

Комбинујте све у великој посуди. Добро промешати. Охладите око 24 сата пре сервирања. По жељи ставите у калуп за торту уместо у чинију. Затим се може исећи на квадрате за сервирање.

По жељи се могу додати и ораси, мараскино вишње и кокос. Не, јер моја породица не мари за то на тај начин.

Одлично за ланчове који ће остати у фрижидеру до времена ручка.

63, Хаупиа са салатом од егзотичног воћа

Принос: 4 порције

Састојци за Хаупију:

- $1\frac{1}{2}$ шоље кокосовог млека
- 4 до 6 кашика шећера
- 4 до 6 кашика кукурузног скроба
- $\frac{3}{4}$ шоље воде За сос:
- $\frac{1}{2}$ шоље сока од маракује
- 1 шоља шећера

За воћну салату: □□2 кивија исецкана на коцкице

- 1 коцкице ананаса
- 1 коцкице папаје
- 8 комада личија □□1 Банана нарезана на кришке
- 1 нарезан манго
- 8 гранчица свеже нане

Хаупиа: Сипајте кокосово млеко у шерпу. Комбинујте шећер и кукурузни скроб; умешајте у воду и добро измешајте.

Умешајте шећерну мешавину у кокосово млеко.

Кувајте и мешајте на лаганој ватри док се не згусне.

Сипајте у квадратну посуду од 8 инча и охладите док не постане чврста. Користећи секач за колаче исеците у облику сузе или звезде.

Ставите састојке за сос да прокључа. Охлади се.

Помешајте састојке воћне салате, прелијте сосом и оставите са стране.

Ставите три до четири комада Хаупије на хладан тањир, около распоредите воће. Украсите свежом наном.

64, Воћна салата са преливом од нане

Принос: 6 порција

Састојак

- ½ шоље обичног јогурта
- 1 кашика меда; по укусу (до 2)
- 1 кашика Амаретто; по укусу (до 2)
- ½ кашичице екстракта ваниле
- 1 цртица мускатни орашчић
- 2 кашике млевене свеже нане
- 5 шољица свежег воћа; исећи на комаде
- Цели листови нане за украшавање

Комбинујте све састојке за дресинг у малој посуди и мешајте док се глатко не сједине. Комбинујте воће у посуди за мешање. Додајте прелив и темељно промешајте.

Пребаците у чинију за сервирање и украсите целим листићима нане. Покријте и кратко охладите пре сервирања.

АЛКОХОЛНА ВОЋНА САЛАТА

65, воћна салата од шампањца

Принос: 1 порција

Састојак

- 8 унци крем сира
- $\frac{1}{2}$ шоље шећера
- 12 унци заслађених јагода; (одмрзнути)
- 16 унци здробљених ананаса
- 2 или 3 банане; коцкице
- $\frac{1}{2}$ или 1 шоља сецканих ораха
- 1 велики контејнер Цоол Вхип

Умутите крем сир и шећер електричним миксером

Мешајте све док се добро не сједини.

Поспите орасима. Охладите и послужите.

66, Салата од свежег воћа са преливом од медног рума

Принос: 6 порција

Састојак

- 1 кашика сецканог кристализованог ђумбира
- ½ шоље незаслађеног сока од поморанџе
- 2 кашике меда
- ½ кашичице екстракта рума
- 2 шоље преполовљених јагода
- 2 кивија; огуљен, исечен
- 1 Папаиа; огуљен, исечен

У малој шерпи помешајте састојке за дресинг. Загрејати само до кључања; Склоните са ватре. Охладите на собној температури.

У средњој посуди помешајте воће. Прелијте прелив преко воћне мешавине; лагано бацити. Оставите у фрижидеру 1 сат да се укуси мешају, повремено мешајући.

67, Компот од воћа и вина

Принос: 4 порције

Састојак

- 4 мале крушке
- 1 наранџаста
- 12 Влажне суве шљиве
- 1 инчни штапић цимета
- 2 семена corijандера
- 1 каранфилић
- ¼ ловоров лист
- ⅓ махуна ваниле
- 4 кашике рицинусовог шећера
- 1½ шоље доброг црвеног вина

Крушке огулите, оперите и исеците наранџу на кришке од ½ цм (¼ ин).

Нежно ставите крушке, петељке горе, у шерпу. Између крушака ставите суве шљиве и додајте цимет, семенке коријандера, каранфилић, ловоров лист, ванилију и шећер.

На врх ставите кришке наранџе и додајте вино. По потреби долијте воде тако да има довољно течности да прекрије воће.

Пустите да проври, спустите на лаганој ватри и пржите крушке 25 до 30 минута док не омекшају. Оставите воће да се охлади у течности.

Уклоните зачине и послужите воће и течност из атрактивне посуде за сервирање.

68, Врућа воћна салата

Принос: 1 порција

Састојак

- 1 шоља Сл
- 2 шоље сока од јабуке
- 4 јабуке
- ½ шоље рума или ракије
- ¼ шоље смеђег шећера
- ½ кашичице млевеног мушкатног орашчића
- 75 грама путера
- 2 јаја
- ½ шоље рицинусовог шећера
- 1 кашичица есенције ваниле
- 1 шоља брашна
- 1 кашика рума или ракије
- Шећер за глазуру

Ставите смокве у шерпу са соком од јабуке и оставите да се намачу 2 сата.

Јабуке огулите и исеците на четвртине, уклањајући језгро. Смокве загрејте са румом, смеђим шећером и јабукама Кувајте на лаганој ватри док јабуке не омекшају. Умешајте мушкатни орашчић.

Послужите топло уз рум Мадлен.

За медлин: Подмажите калупе за мадлин или мале калупе за торте и поспите брашном. Отопите путер и оставите да се охлади.

Умутити јаја, шећер и ванилију док не постане густа и светла. Просејати брашно и умутити га у мешавину јаја са путером и румом. Пећи на 200 Ц 8 минута.

69, Воћна салата од белог вина

Принос: 8 порција

Састојак

- 2 кашике шећера
- $\frac{1}{2}$ шоље сувог белог вина
- $1\frac{1}{2}$ кашичице рендане лимунове коре
- 2 кашике свежег лимуновог сока
- 4 шоље куглице или коцке medљике
- 4 шоље лоптице или коцке диње
- 1 шоља зеленог грожђа без семена
- Зелена салата

У плиткој чинији за сервирање растворите шећер у мешавини вина, лимунове коре и лимуновог сока, непрестано мешајући. Нежно додајте воће. Охладите два сата, повремено бацајући. Оцедите и послужите на подлози од зелене салате.

70, воћна салата са Шри Ланке

Принос: 1 порција

Састојак

- 2 манга; зрео
- 1 Папаиа; зрео
- 1 ананас
- 2 поморанџе
- 2 банане
- 1 лимете, сок од
- 110 грама шећерне воде
- 1 кашичица ваниле
- 25 мililитара рума

Огулите и нарежите манго, папају и ананас. Огулите поморанџе, уклоните коштице и поделите на делове. Огулите и исеците банане и попрскајте их соком од лимете да спречите промену боје.

Лагано помешајте све воће заједно у чинији за салату. Шећер и воду прокувајте заједно и када се шећер раствори склоните са ватре и оставите да се охлади. У шећерни сируп додајте есенцију ваниле и рум и прелијте воћну салату. Оставите у фрижидеру да се охлади пре сервирања.

71, воћна салата од мимозе

Приноси: 8

Састојци

- 3 кивија, ољуштена и исечена
- 1 ц. купине
- 1 ц. боровнице
- 1 ц. јагоде, нарезане на четвртине
- 1 ц. ананас, исечен на мале комаде
- 1 ц. Прошек, охлађен
- 1/2 ц. свеже цеђени сок од поморанџе
- 1 тбсп. душо
- 1/2 ц. бомбона

У великој посуди помешајте сво воће.

Сипајте прошек, сок од поморанџе и мед преко воћа и пажљиво промешајте да се сједини.

Украсите наном и послужите.

72, Мојито воћна салата

САСТОЈЦИ

- 4 шоље сецкане лубенице
- 1 лб јагода, сецканих
- 6оз малине
- 6оз боровница
- 1/4 шоље упаковане менте, сецкане
- 1/4 шоље свежег сока од лимете
- 3 кашике шећера у праху

Додајте лубеницу, јагоде, малине, боровнице и менту у велику посуду. Помешајте сок од лимете и шећер у праху у малој чинији, а затим прелијте воће и бобице.

Лагано промешајте лопатицом, а затим оставите да одстоји у фрижидеру најмање 15 пре сервирања како би природни сокови из воћа почели да излазе.

73, Маргарита воћна салата

Принос: 1 порција

Састојак

- 1 диња и диња, исечена на комаде
- 2 поморанџе и грејпфрута, огуљени и исечени на делове
- 1 манго, огуљен и исечен на коцкице
- 2 шоље јагоде, преполовљене
- ½ шоље шећера
- ⅓ шоље сока од поморанџе
- 3 кашике текиле
- 3 кашике ликера од поморанџе
- 3 кашике сока од лимете
- 1 шоља крупно нарендaног свежег кокоса

Комбинујте воће, оставите на страну. У малом лонцу кувајте шећер и сок од поморанџе на средње јакој ватри, мешајући, 3 минута или док се шећер не раствори.

Умешајте текилу, ликер и сок од лимете. Оставите да се охлади на собној температури.

Комбинујте са воћем. Покријте и ставите у фрижидер најмање два сата или преко ноћи. Непосредно пре сервирања поспите кокосом.

ЗАМРЗНУТА ВОЋНА САЛАТА

74, Шоље са смрзнутим воћем за децу

Састојци

- 5 ком. Желатин од лимуна без шећера
- 10 шоља кључале воде
- 5 конзерви Незаслађени комадићи ананаса
- 5 конзерви (11 оз. свака) Мандарине, оцеђене
- 5 конзерви Концентрат смрзнутог сока од поморанџе
- 5 великих чврстих банана, исечених на кришке

У веома великој посуди растворите желатин у кипућој води; охладити 10-15 минута. Умешајте преостале састојке. Кашиком у чаше од фолије

Ставите у калупе за колаче по жељи.

Замрзните док се не учврсти. Извадите из замрзивача 2030 минута пре сервирања.

75, Кремаста салата од смрзнутог воћа

Принос: 12 порција

Састојак

- ¼ шоље шећера
- ½ кашичице соли
- 1½ кашике вишенаменског брашна
- ¾ шоље сирупа оцеђеног од воћа
- 1 јаје; мало претучен
- 2 кашике сирћета
- 1 шоља оцеђена; крушке из конзерве исечене на коцкице
- ¾ шоље оцеђених комадића ананаса
- 2 шоље пире; средње зреле банане
- ½ шоље оцеђене; сецкане вишње мараскино
- 1 шоља сецканих пекана
- ⅔ шоље испареног млека
- 1 кашика свеже исцеђеног лимуновог сока

У шерпи помешајте шећер, со и брашно. Додајте воћни сируп, јаје и сирће. Кувајте на средњој ватри уз стално мешање док се не згусне. Хладан.

У охлађену смесу додајте воће и орахе. Охладите испарено млеко у замрзивачу док се не формирају меки кристали леда (око 10 или 15 минута)

Умутити док не постане чврст, око 1 минут. Додајте сок од лимуна; мутите још 1 минут да постане веома чврст. Преклопите у мешавину воћа.

Сипајте кашиком у лагано науљен калуп од 6-½ шољица

76, Бакина смрзнута воћна салата

Принос: 6 порција

Састојак

- 1 лименка Воћни коктел
- 1 конзерва Половина кајсије
- 1 конзерва Комад ананаса
- 4 унце Минијатурни марсхмалловс
- 1 паковање Желатина без укуса
- 4 унце мараскино трешања
- 4 унце меког крем сира
- $\frac{1}{2}$ шоље прелива за салату
- $\frac{3}{4}$ шоље врхња за шлаг, умућена
- Екстра кајсије и мента

Оцедите воћни коктел, кајсије и ананас. Ставите воће у велику посуду. Додајте марсхмалловс. Оставите на страну.

Ставите воћне сокове у шерпу. Умешајте желатин. Ставите на средњу ватру. Загрејте, мешајући, док се желатин не раствори

Мало охладите. Прелити преко воћа. Умутите вишње нарезане на коцкице и сок од вишања.

У посебној посуди помешајте крем сир и прелив за салату.

Додајте у мешавину воћа, добро промешајте.

Покријте и охладите док се делимично не стегне. Умешајте шлаг. Пребаците у посуду за сервирање величине 7 1⅕са 11 инча.

Покријте и ставите у замрзивач на 4 до 6 сати или преко ноћи. Исеците на квадрате за сервирање. Украсите кајсијама и гранчицом менте.

77, Појединачне чаше за замрзнуту воћну салату

Принос: 1 порција

Састојак

- 2 шоље павлаке
- 2 кашике лимуновог сока
- ½ шоље шећера
- 1 конзерва дробљеног ананаса; (8 оз) оцеђено
- 1 банана; коцкице
- Црвена боја за храну
- ½ шоље сецканих пекана
- 1 конзерва Бинг трешања без коштица; (16оз) оцеђен

Комбинујте павлаку, лимунов сок, шећер, ананас, банану и довољно прехрамбених боја да добијете ружичасту боју. Лагано умешајте орахе и вишње. Кашиком сипајте у папирне чаше за мафине које су стављене у калупе за мафине. Замрзните чврсто.

Извадите из калупа за мафине и чврсто умотајте у пластичну фолију. Чувати у замрзивачу

Одмрзните око 15 минута пре сервирања.

Да бисте послужили, огулите папирну чашу и ставите на лист зелене салате. Украсите вишњом.

78, Јелло воћна салата

Принос: 1 порција

Састојак

- 1 велика конзерва мешаног воћа
- 2 банане, нарезане
- Воћни коктел, оцеђен
- Мандарине, оцеђене
- Цоол бич, одмрзнути
- Желе од јагода

Комбинујте воће са хладним бичем. Сипајте желе (по укусу) из паковања у смесу. Промешајте и ставите у фрижидер.

79, Кентаки замрзнута воћна салата

Принос: 8 порција

Састојак

- 2 лимуна; сок од
- $\frac{1}{8}$ кашичице соли
- $\frac{3}{4}$ шоље сока од ананаса
- 4 кашике шећера
- 3 жуманца
- 3 кашике брашна
- 1 конзерва комадића ананаса
- 1 конзерва Роиал Анне трешања без семена
- Неколико резаних црвених и зелених мараскиних трешања
- 1 шоља шлага
- Бадеми; опционо
- $\frac{1}{4}$ фунте марсхмалловс-а

Помешајте лимунов сок, со, сок од ананаса, шећер, жуманца и брашно. Кувајте док не постане густо. Хладан. Додајте комадиће ананаса, трешње и марсхмалловс. Умешајте шлаг.
Напуните празне посуде за коцкице леда и замрзните.
Нарежите и послужите на листовима зелене салате.
Може се припремити неколико дана пре сервирања.

80, Дечија воћна салата

Принос: 5 шољица

Састојак

- 17 унци Лименка воћног коктела, оцеђена
- $1\frac{1}{2}$ шоље минијатурног слеза
- 2 средње банане, нарезане
- 1 средња јабука, грубо сецкана
- 2 кашике лимуновог сока
- $\frac{1}{4}$ шоље мараскино трешања, преполовљених
- $1\frac{1}{2}$ шоље Цоол бич

Помешајте исечене јабуке и банане у лимунов сок да не потамне.

У великој посуди помешајте све састојке осим хладног бича. Лагано преклопите у хладни бич. Цовер; охладити док се не послужи.

Деца копају у ово - мисле да је то цоол бич који их занима.

ВОЋНА САЛАТА СА ТЕСТЕНИНОМ И ЖИТАРИЦАМА

81, Мед од тестенине и воћне салате

Принос: 8 порција

Састојак

- $1\frac{1}{2}$ шоље Ротини (тестенина у облику спирале)
- $\frac{1}{2}$ шоље грожђица
- 1 шоља преполовљеног грожђа без семенки
- 2 или 3 ољуштене брескве или нектарине, сецкане
- $\frac{1}{2}$ шоље исеченог целера
- $\frac{1}{4}$ шоље тостираних сецканих ораха
- Контејнер од 4 унце меког крем сира
- $\frac{1}{4}$ шоље ваниле или обичног јогурта са ниским садржајем масти
- 2 до 3 кашике меда
- $\frac{1}{2}$ кашичице исецкане лимунове коре
- 2 кашике лимуновог сока
- 2 кашике врхња за шлаг

Кувајте тестенину према упутствима на паковању; оцедити и охладити.
У међувремену, суво грожђе, по жељи: у већој чинији прелијте суво грожђе кључалом водом
Пустите да одстоји 5 минута. Темељно исцедите.
Оцеђеним сувим грожђем додајте грожђе, брескве или нектарине, целер, орахе и охлађену тестенину.
У средњој посуди помешајте крем сир, јогурт, мед и лимунову кору и лимунов сок. Умутите електричним миксером на средњој брзини до скоро глатке и добро измешане. Умутити павлаку за шлаг.
Прелијте прелив преко мешавине тестенина; промешати да се премаже. Покријте и охладите 2 до 6 сати. Ако је потребно, пре сервирања умешајте салату са мало млека да се навлажи.

82, Пиринчана салата од воћа и орашастих плодова

Принос: 4 порције

Састојак

- 125 грама мешавине дугог зрна и дивљег пиринча; кувана
- 298 грама сегмената лименке мандарине;
- 4 младог лука; исечен дијагонално
- ½ зелена паприка; одсемена и исечена
- 50 грама сувог грожђа
- 50 грама индијских ораха
- 15 грама бадема у листићима
- 4 кашике сока од поморанџе
- 1 кашика белог винског сирћета
- 1 кашика уља
- 1 прстохват мускатног орашчића
- Сол и свеже млевени црни бибер

Ставите све састојке за салату у чинију и добро промешајте.

У посебној посуди помешајте све састојке за дресинг.

Прелијте салату преливом, добро промешајте и пребаците у посуду за сервирање.

83, Воћна салата са орасима

Принос: 4 порције

Састојак

- по 1 медена диња
- По 2 поморанџе
- 1 шоља плавог грожђа
- Листови зелене салате
- По 12 половина ораха
- 8 унци јогурта
- 1 кашика лимуновог сока
- 1 кашика сока од поморанџе
- 1 кашика парадајз Цатсуп
- 2 кашике испареног млека
- Со; Дасх
- Бели бибер; Дасх

Извадите дињу балером за дињу. Од поморанџе исеците кору, уклоните белу опну и исеците попречно. Прережите грожђе на пола и уклоните семенке. Стаклену чинију обложите листовима зелене салате; поређајте куглице од диње, кришке наранџе, грожђе и орахе у слојевима на зелену салату. Промешајте и добро измешајте све састојке за прелив. Подесите зачине.
Прелијте воће дресингом. Пустите састојке за салату маринирати 30 минута. Баците салату непосредно пре сервирања.

84, Воћна салата од макарона

Принос: 1 порција

Састојак

- $\frac{3}{4}$ шоље шећера
- 2 јаја
- 2 кашике брашна
- $\frac{1}{2}$ кашичице соли
- 2 средње конзерве
- 2 средње конзерве
- 12 унци Цоол бич
- Здробљени ананас
- Мандарине наранџе
- Орзо, кувано

У шерпи помешајте сок од ананаса и поморанџе са шећером, јајима, брашном и сољу. Кувајте док не постане густо. Комбинујте са орзом. Оставите у фрижидеру преко ноћи.

Пре сервирања додајте воће и охладите бич.

85, Воћна салата од кус-куса

Принос: 4 порције

Састојак

- $1\frac{1}{2}$ шоље воде
- 1/[illegible] кашичице соли
- 1 шоља сировог кус-куса
- $\frac{1}{2}$ шоље безмасног јогурта од ваниле
- $\frac{1}{2}$ кашичице рендане коре лимете
- 1 кашика сока од лимете
- 1 кашика меда
- 4 капи соса од љуте паприке
- $\frac{1}{2}$ шоље исеченог целера; танко сечен
- 2 кашике исеченог зеленог лука
- 2 кашике сломљених пекана
- 1 кашикаСецкани цилантро
- 2 Пеелед; сецкани киви
- 1 Пеелед; манго без коштица, исечен на кришке
- 12 целих јагода

У малом лонцу помешајте воду и со. Довести до кључања. Склоните са ватре; одмах умешајте кус-кус. Цовер; оставити да одстоји 5 минута.

Флуфф кус-кус виљушком; охладити 20 минута до собне температуре. У међувремену, у малој чинији помешајте све састојке за дресинг; добро изблендати.

У средњој посуди помешајте целер, лук, пекане, цилантро, киви, дресинг и кус-кус; баците нежно да премажете. Послужите одмах или ставите у фрижидер до времена сервирања.

За сервирање, ставите мешавину кус-куса у 4 тањира

Око мешавине кус-куса украсно распоредите кришке манга и јагоде.

86, Салата од воћа и булгура

Принос: 5 порција

Исастојак

- 3 шоље воде
- ½ шоље жутог грашка
- ¾ шоље некуваног булгура
- ¾ шоље кључале воде
- 1 шоља Ред Делициоус Апплес; Исецкан
- ¼ шоље сушених брусница
- ¼ шоље исецканих урми без коштица
- ¼ шоље обичног јогурта са ниским садржајем масти
- 2 кашике лимуна
- ¼ кашичице соли
- ¼ кашичице кари праха
- 11 унци мандарина у светлости
  5 кашика сецканих бадема; Тостед

Донесите 3 шоље воде и изломљени грашак да проври у шерпи. Смањите топлоту; кувајте, непокривено, 30 минута или само док грашак не омекша. Добро оцедите; издвојити. У великој посуди помешајте булгур и ¾ шоље кључале воде.

Покријте и оставите да одстоји 30 минута. Додајте грашак, јабуку, брусница и урме; добро промешати. Помешајте јогурт, лимунов сок, со и кари и додајте у мешавину булгура, добро промешајте. Лагано умешајте поморанџе. Врх
салата са прженим бадемима

87, Воћна салата са орасима

Принос: 4 порције

Састојак

- 1 свака диња од медене росе; мали
- По 2 поморанџе
- 1 шоља плавог грожђа
- Листови зелене салате
- По 12 половина ораха
- 8 унци јогурта
- 1 кашика лимуновог сока
- 1 кашика сока од поморанџе
- 1 кашика парадајз цатсуп
- 2 кашике испареног млека
- Со; цртица
  Бели бибер; цртица

Извадите дињу балером за дињу. Од поморанџе исеците кору, уклоните белу опну и исеците попречно.

Прережите грожђе на пола и уклоните семенке. Стаклену чинију обложите листовима зелене салате; поређајте куглице од диње, кришке наранџе, грожђе и орахе у слојевима на зелену салату. Промешајте и добро измешајте све састојке за прелив. Подесите зачине. Прелијте воће дресингом. Оставите састојке за салату да се маринирају 30 минута.

88, Воћна салата од белог и дивљег пиринча

Принос: 12 порција

Састојак

- $1\frac{1}{2}$ шоље белог пиринча; некувано
- $1\frac{1}{3}$шоље дивљег пиринча; некувано
- 1 шоља сецканог целера
- 1 шоља зеленог лука; танко сечен
- $\frac{3}{4}$ шоље сушених брусница
- $\frac{3}{4}$ шоље сувих кајсија; снипвед
- $\frac{1}{4}$ шоље пилећег бујона
- $\frac{1}{4}$ шоље црвеног винског сирћета
- $\frac{1}{4}$ шоље маслиновог уља
- 2 кашичице дижон сенфа
- $\frac{1}{2}$ кашичице соли

$\frac{1}{2}$ кашичице бибера

1 шоља ораха; тостирано и сецкано

Кувајте пиринач посебно према упутствима на паковању. Добро оцедите дивљи пиринач. Када се охлади умешајте целер, зелени лук, суве бруснице и суве кајсије. Покријте и ставите у фрижидер.

Помешајте састојке за прелив у поклопљену теглу и добро протресите. Охладите. Протресите прелив за мешање. Прелијте мешавином пиринча. Додати пекан пекане и бацити у премаз и промешати.

89, салата са воћем и тестенином Јоан Цоок

Принос: 4 порције

Састојак

- 1 конзерва туњевине са репицом
- уље
- 2 шоље куване тестенине од шкољки
- 2 шоље свежег воћа
- Грожђе
- јицама
- паприке
- 1 кашика слатког лука, сецканог
- 1(6 оз.) јогурта од ваниле
- ½ кашичице карија у праху
- 1 кашика сока од лимете
- 1 кашика корена ђумбира

  Мак за украс

Туњевину оцедите и раздвојите на комаде величине залогаја. Помешајте воће, тестенину, лук и туњевину. Добро измешајте састојке за дресинг. Нежно помешајте прелив са воћем, тестенином и туњевином. По жељи посути маком.

Послужите охлађено.

90, Воћна салата од мака

Принос: 1 порција

Састојак

- $\frac{1}{2}$ диње
- 1 слатки ананас
- 300 грама зеленог грожђа без семена
- 300 грама љубичастог грожђа без семена
- 1 пуннет боровница
- 1 пуннет од јагода
- 1 Манго
- 2 кашике мака
- 2 кашике семена сусама
- 3 кашике меда Беехиве Цо
- 1 кашика балзамичког сирћета
  2 кашике павлаке
- 5 кашика сока од поморанџе
- 2 лимуна и сок

Огулите и исеците дињу, ананас и манго на велике комаде. Бобичасто воће и грожђе оперите и додајте у чинију за воће.

Помешајте све састојке за прелив док не постану глатки, а затим их помешајте са воћем.

Прелијте сусамом и маком и охладите.

ДЕСЕРТ ОД ВОЋНЕ САЛАТЕ

91, воћна салата Амброзија

Принос: 20 порција

Састојак

- 2 конзерве мандарина; оцеђен
- 2 Ананас; посластица, исушена
- по 2 банане; нарезане
- 2 шоље грожђа; зелена или црвена без семена
- 2 јогурта од ваниле
- 1 шоља бадема; разбијен
  2 шоље кокоса; флакед
- 2 шоље марсхмалловс-а; мини

Помешајте све састојке заједно и охладите.

92, Валентиново воћна салата

Принос: 1 порција

Састојак

- 1 конзерва Крушке
- ½ шоље љутог цимета
- 3 кашике сирћета
- Зелена салата
- 1 конзерва Нарезани ананас
- ½ шоље сецканих орашастих плодова
- 1½ шоље крем мајонеза

Оцедите крушке, у сируп од крушке додајте љути цимет и сирће прокувајте. Сваку половину крушке исеците у облик срца и динстајте у сирупу 20 минута, охладите. Ставите половину крушке, шупљом страном надоле, на лист зелене салате. Ананас исеците на мале делове и поређајте око крушака. Поспите орашасте плодове око ивице салате да добијете чипкасти ефекат. Послужите мајонез у посебној посуди.

Пресавијте мајонез у ⅓шоље густе павлаке, умутите.

93, Печена воћна салата врхунска

Принос: 4 порције

Састојак

- 16 унци комадића ананаса у соку
- 1 кашика тапиоке
- 1 јабука; коцкице
- 1 наранџаста; ољуштен и исечен на коцкице
- 4 кашике смрзнутог сока од ананаса
- 2 беланца
- $\frac{1}{8}$ кашичице креме од каменца
- $\frac{1}{2}$ кашичице ваниле
- 2 паковања НутраСвеет

Ставите резервисани сок од ананаса и тапиоку да проври док се не згусну.
Комбинујте концентрат сока од јабуке, ананаса, поморанџе и смрзнутог сока од ананаса.
Добро промешати да се воће обложи згуснутим соком.
Кашиком ставите воће у 4 појединачне посуде за печење за суфле
Умутити беланца док се не формирају мекани врхови.
Додајте ванилу. Умутите беланца на врх воћне салате, ставите у густу гомиле и распоредите на ивице посуђа.
Ставите у претходно загрејану рерну на 450 степени Ф. 4 до 5 минута док мерингуе лагано не порумени.

94, Десертна воћна салата

Принос: 8 порција

Састојак

- 1 паковање (10 оз) смрзнутих јагода у лаганом сирупу, одмрзнуте
- 1 паковање (8 оз) немасног јогурта од ваниле
- 1 кашичица ренданог ољуштеног ђумбира
- 1 средња диња
- 1 пинта јагода
- 3 велике љубичасте шљиве
- 1 велики манго
- 4 велика плода кивија
- $\frac{1}{2}$ пинте боровница
- Украс: гранчице свеже нане

У блендеру или процесору за храну са причвршћеном оштрицом ножа измиксајте одмрзнуте јагоде, јогурт и ђумбир док не постане глатко. Покријте и ставите у фрижидер док не будете спремни за сервирање.
Нарежите дињу на комаде од 1½". Јагоде ољуштите; исеците сваку на пола. Нарежите неољуштене шљиве на ½" кришке.
Оштрим ножем исеците по дужини манго са сваке стране дугачког равног семена; одвојите део који садржи семе. Огулите кожу са одсечених комада и исеците манго на комаде од 1 ½". Изрежите кожу са резервисаног дела манга и пажљиво га исеците од семенки на комаде.
У великој посуди нежно помешајте дињу, јагоде, шљиве, манго, киви и боровнице. Покријте пластичном фолијом и ставите у фрижидер док не будете спремни за сервирање.

95, Флуффи воћна салата

Принос: 12 до 16

Састојак

- 2 конзерве (20 оз. свака) Здробљени ананас
- ⅔ шоље шећера
- 2 кашике вишенаменског брашна
- По 2 јаја, лагано умућена
- ¼ шоље сока од поморанџе
- 3 кашике лимуновог сока
- 1 кашика биљног уља
- 2 конзерве Воћни коктел
- 2 конзерве мандарина, оцеђених
- По 2 банане, нарезане
- 1 шоља густе павлаке, умућена

Оцедите ананас, оставите 1 шољу сока у малом лонцу. Оставите ананас на страну. У шерпу додајте шећер, брашно, јаја, сок од поморанџе, лимунов сок и уље.

Доведите до кључања уз стално мешање. Кувајте 1 минут; склонити са ватре и оставити да се охлади. У чинији за салату помешајте ананас, воћни коктел, поморанџе и банане. Прелити шлагом и охлађеним сосом.

Охладите неколико сати.

96, Фрости воћна салата

Принос: 9 порција

Састојак

- 2 шоље шећера
- $\frac{1}{8}$ кашичице соли
- 4 шоље млаћенице
- 1 кашичица ваниле
- 1 конзерва згњеченог ананаса
- 1 лименка воћног коктела

У великој посуди помешајте шећер, со, млаћеницу и ванилију док се добро не измешају.

Лагано умешајте оцеђено воће. Сипајте у квадратну посуду од 9 инча.

Замрзните док се не учврсти

97, Воћна салата у креп сноповима

Принос: 4 порције

Састојак

- 1 шоља небељеног брашна за све намене
- 1 кашика шећера
- Прстохват соли
- 1⅔шоље немасног млека
- ½ јабуке, ољуштене, ољуштене и исечене на коцкице
- ½ Крушке, ољуштене, очишћене од семена и исечене на коцкице
- 1 шоља јагода или малина, пире
- Кора 1 поморанџе, исечена на
- 2 велика јаја
- 3 кашике несланог путера
- ½ шоље ананаса исеченог на коцкице
- ½ шоље тешке павлаке, са укусом
- ¼ кашичице екстракта ваниле
- Ангелица исечена на траке од 1 инча
- Листови нане

Припремите палачинке: У већу чинију просијте брашно, шећер и со и направите удубљење у средини. Постепено умутите млеко у брашно, док се не сједини. Додајте јаја једно по једно, брзо мутите док се не сједини. Умутите путер и оставите тесто да одстоји на собној температури 30 минута.
Загрејте нелепљиву креп тигањ од 10 инча на средње јакој ватри док се не загреје, додајте ⅓Ц теста и мешајте тигањ док тесто не покрије површину у равномерном слоју. Кувајте док од врха не постану мехурићи, окрените и кувајте 30 секунди. Извадите креп из тигања и оставите топло у рерни на ниској температури. Поновите поступак са преосталим тестом.
Припремите фил: У нелепљив тигањ на средњој ватри додајте јабуку, крушку и ананас и динстајте док се не загреје. Уклоните посуду са ватре и оставите на страну.

98, Воћна парфе салата

Принос: 3 порције

Састојак

- 1 велика конзерва здробљеног ананаса
- 1 конзерва надјев за питу од вишања
- 1 конзерва Милнот
- 1 велика кутија хладног бича

Може се јести мекано или мало смрзнуто, али по мом мишљењу има бољи укус благо смрзнуто.

Такође можете заменити другим надјевима за пите као што су купине, брескве, боровнице итд.

99, Воћна салата Гумдроп

Принос: 10 порција

Састојак

- 1 шоља креме за шлаг
- 2½ шоље слаткице ананаса, оцеђене
- 2 шоље грожђа без семена
- 2 шоље минијатурног слеза
- ¾ шоље жвакаћих капи (изоставите црне бомбоне), ситно исечене
- 1 тегла (4 оз) Мараскино трешње, исечене
- ½ шоље сецканих ораха
- ½ шоље сока од ананаса
- ¼ шоље шећера
- 2 кашике брашна
- ¼ кашичице соли
- 3 кашике лимуновог сока
- 1½ кашичице сирћета

Умутити павлаку и измешати све састојке. Додати охлађени прелив и оставити у фрижидеру преко ноћи.

Помешајте све састојке у шерпи и кувајте док не постане густо, непрестано мешајући. Охладите пре додавања у салату.

100, Лешник парфе глаце

Принос: 8 порција

Састојак

- 6 жуманца
- 150 мililитара шећерног сирупа
- 3 кашичице инстант кафе, растворене
- 12 Суве смокве
- 12 суве шљиве
- 1 лимун, сок и кора
- 1 поморанџа, сок и кора
- 30 лешника
- 150 грама шећера
- 2 кашике кључале воде
- 100 грама лешника нуга, лагано отопљеног
- 600 милилитара Згуснуте павлаке, умутити чврсту крему
- 4 каранфилића
- 8 зрна бибера у зрну
- 1 махуна ваниле, без семена
- Неколико капи лимуновог сока
- Вода

Глаце: Умутити жуманца и 150 мл сирупа док не постану пенасти. Ставите на лагану ватру и умутите док не постане густа. Сада ставите преко леда и туците док се не охлади, додајући есенцију кафе. Убаците отопљени нугат и на крају крему. Претворите у калуп за хлеб и замрзните.

Зимска воћна салата: Прелијте воће кипућом водом да набубри. Додајте процеђени сок од лимуна и поморанџе у резервисани шећерни сируп, заједно са махунама ваниле. Повежите корицу лимуна и поморанџе, каранфилић и бибер у зрну у врећицу од муслина и додајте у сируп.

Доведите до кључања, прилагођавајући слаткоћу са мало воде. Кувајте 20 мин. Додајте оцеђене смокве и суве шљиве и лагано динстајте још 20 мин. Оставите да се охлади.

ЗАКЉУЧАК

Прављење најбоље воћне салате захтева мало планирања, али то је једноставно!

Печење одличне воћне салате најбоље функционише када следите неколико једноставних правила и уверите се да одаберете право воће и прави прелив да бисте добили баш ону воћну салату коју желите. Свако може направити одличну воћну салату!

Printed in July 2023
by Rotomail Italia S.p.A., Vignate (MI) - Italy